BEI GRIN MACHT SICH IHR WISSEN BEZAHLT

Jana Patricia Hemmelskamp

Der Völkermord an den Armeniern im politischen Kontext

GRIN Verlag

Bibliografische Information der Deutschen Nationalbibliothek:

Die Deutsche Bibliothek verzeichnet diese Publikation in der Deutschen National-
bibliografie; detaillierte bibliografische Daten sind im Internet über http://dnb.d-
nb.de/ abrufbar.

Impressum:

Copyright © 2011 GRIN Verlag GmbH
Druck und Bindung: Books on Demand GmbH, Norderstedt Germany
ISBN: 978-3-656-39620-8

Dieses Buch bei GRIN:

http://www.grin.com/de/e-book/211729/der-voelkermord-an-den-armeniern-im-
politischen-kontext

GRIN - Your knowledge has value

Der GRIN Verlag publiziert seit 1998 wissenschaftliche Arbeiten von Studenten, Hochschullehrern und anderen Akademikern als eBook und gedrucktes Buch. Die Verlagswebsite www.grin.com ist die ideale Plattform zur Veröffentlichung von Hausarbeiten, Abschlussarbeiten, wissenschaftlichen Aufsätzen, Dissertationen und Fachbüchern.

Besuchen Sie uns im Internet:

http://www.grin.com/

http://www.facebook.com/grincom

http://www.twitter.com/grin_com

Georg-August-Universität Göttingen
Theologische Fakultät
Wintersemester 2011/2012

Essay zum Seminar „Christen in der islamischen Welt"

im Modul B.EvRel. 10 (Interdisziplinäres Modul Religions- und Konfessionskunde) zum
15.05.2012

Der Völkermord an den Armeniern

Eingereicht von:
Jana Patricia Hemmelskamp

Englisch und Evangelische Religion im Lehramtsprofil (5. Fachsemester)

Inhaltsverzeichnis

1. Die Massaker zwischen 1894 und 1896/ 1897

Die Armenier stellten neben den Griechen die stärkste Minderheit im Osmanischen Reich dar. Dies hat eine doppelte Begründung: zum Einen hoben sich die Armenier ethnisch von den Türken ab, zum Anderen taten sie dies aber auch religiös, indem sie als Christen in einem islamisch geprägten Staat lebten. Bislang war es für die Armenier möglich gewesen, in Frieden interkulturell zu agieren und zu leben, aber wachsender Nationalstolz und Praktizierung des „Osmanismus" zerstörten dieses Verhältnis am Ende des 19. Jahrhunderts stetig.[1] Die Konsequenz hieraus war, dass die Armenier nicht nur ständigen Diskriminierungen und Entautonomisierungen ausgesetzt waren, sondern auch unter dem Status der Schutzbefohlenen eine Kopfsteuer an Moslems zahlen mussten. Hierbei kam verständlicherweise frühzeitig der Wunsch nach einem gleichberechtigten und autonomen Leben bei den Armeniern auf, was sich in Form von Aufständen widerspiegelte, wie beispielhaft bereits 1861 bei den Armeniern von Zeytun. Diese Erhebungen blieben jedoch erfolglos, ebenso wie die Unterstützungsversuche Europas in Form von Verträgen. Mit dem Pariser Vertrag von 1856 scheiterte der Versuch, sich Interventionsrechte bezüglich der Lebenssituation der Armenier im Osmanischen Reich zu sichern, und auch das Londoner Protokoll von 1877 zur Verbesserung der Lebensumstände der Armenier wurde von osmanischer Seite drastisch abgelehnt. Erst ein Jahr später, 1878, gab es einen Lichtblick für die Armenier, indem der Berliner Vertrag für die Armenier erwirkte, dass sie nun lokale Autonomie genießen durften und ihnen Schutz vor rekrutierten Kurden gewährt wurde.[2] In der Durchführung scheiterte dieser eigentliche Konsens jedoch schlichtweg und ab 1890 verschlechterten sich die Lebensbedingungen für die Armenier zunehmend. Sultan Abdülhamid II. verabschiedete die sogenannten „Hamidiye Regimenter", ein Gesetz, das den Kurden erneute und wesentlich drastischere Raubzüge auf die Armenier gewährte, die nun auch nicht selten Massakrierungen mit sich brachten.[3]

Von den eigentlichen Massakern kann man jedoch erst ab 1894 sprechen, als sich die Situation zwischen den Türken und den Armeniern endgültig zugespitzt hatte: nachdem sich einige wohlhabende Armenier in der Stadt Sassun gegen eine zusätzliche Kopfsteuer an die Kurden gewehrt hatten und dieser nicht nachgekommen sind, fielen diese von Wut getrieben in die Stadt ein und töteten willkürlich Armenier. Jedoch war aufgrund einer Informationsblockade keine außenpolitische Hilfe zu erwarten, weil es sich bei der Stadt Sassun um ein Bergdorf ohne direkten Kontakt zur Außenwelt handelt. So waren die Armenier ein Jahr später bei ei-

---

[1] Vgl.: Haage, 2007: S. 254-255.
[2] Vgl.: Tamcke, 2006: S. 47-48.
[3] Vgl.: Haage, 2007: S. 255.

ner Demonstration in Konstantinopel ganz auf sich gestellt und auch die dortige osmanische Gegendemonstration mit abermaligen Hetzen und Massakrierungen blieb weitläufig Konsequenzen los für die Türken. 1896 schlugen dann die Armenier mit der Hoffnung auf die endgültige Durchsetzung der Reformen weitaus drastischer zurück, indem sie die Osmanische Bank von Konstantinopel besetzten und Geiseln nahmen. Dieser Demonstrationsversuch war zwar insofern erfolgreich, als dass die Täter der Massaker das Land verließen und die Armenier nicht mehr um ihr Leben bangen mussten, aber letztendlich gingen die Massaker durch besagte Täter in anderen Ländern weiter und die Reformen wurden ebenfalls nicht durchgesetzt.[4] Auch wenn mit diesem Vorfall Abnahmen der Massaker zu vermerken sind, blieb die Situation weiterhin angespannt und bereits 1909 kam es zu einem erneuten Aufschwung. Während der Jahre 1894 und 1896 bzw. 1897 sind als Verluste und Konsequenzen neben 88243 getöteten Armeniern auch noch 568 zerstörte Kirchen und 77 zerstörte Klöster, sowie 646 konvertierte Dörfer, 546000 Notleidende und 328 in Moscheen umgewandelte Kirchen zu vermerken.[5]

2. Der Völkermord zwischen 1915 und 1916

Im Osmanischen Reich kam es 1908 zu einer Veränderung der politischen Gegebenheiten: die Jungtürken, eine liberalere Partei, bildeten eine stark konkurrierende politische Opposition zu Sultan Abdülhamid II. und schafften es, die Verfassung inklusive der Reformen zugunsten der Armenier in Kraft zu setzen. Ihre Popularität hatte die Absetzung Sultan Abdülhamids II. ein Jahr später zur Folge. Ab diesem Zeitpunkt kam es allerdings auch zu Uneinigkeiten innerhalb der jungtürkischen Partei, wobei die nationalistische Splittergruppe die Führungsposition erlangte. Für die Armenier bedeutete dieses Ereignis erneute tödliche Angriffe, die ihrerseits durch große Auswanderungswellen vermieden werden sollten, weil auch in diesem Fall wieder keine außenpolitische Hilfe z.B. durch Europa zu erwarten war.[6]

Im Anschluss an diese neuen politischen Rahmenbedingungen spitzte sich die Lage 1914 durch den bevorstehenden Weltkrieg zu. Während Russlands Versuche der Eroberung der osmanischen Gebiete von den Türken als starke Gefahr und Konkurrenz empfunden wurden, bot dies großen Hoffnungsanlass auf bessere Lebensumstände für die Armenier.[7] Die nicht immer geheim gebliebene armenische Unterstützung für Russland führte zu ausgeprägter Frustration

---

[4] Vgl.: Tamcke, 2006: S. 48-49.
[5] Vgl.: Tamcke, 2006: S. 49.
[6] Vgl.: Koutcharian, 2004: S. 57-58.
[7] Vgl.: Haage, 2007: S. 257.

unter den Türken, sowie Verschwörungstheorien und Sabotagevermutungen. Aufgrund dessen beschlossen die Türken, wiederholend gegen die Armenier vorzugehen. Was dieses Vorgehen allerdings vom vorherigen unterschied und sich letztendlich auch als Genozid charakterisieren lässt, ist die Tatsache, dass es sich um ein systematisches Verfahren mit Taktik und Strategie handelte. Im Gegensatz zu den Massakern der Jahre 1894 bis 1896 bzw. 1897 wurde nicht in Abhängigkeit von Konfession und Staatsangehörigkeit gemordet, sondern willkürlich und unter der zum Tod bestehenden Option der Zwangsislamisierung.[8] Das strategische Vorgehen beinhaltete zunächst die Entwaffnung und das unschädlich Machen aller körperlich wohlge-formten Armenier durch Festnahme dieser. Daraufhin wurden die Intellektuellen gefoltert und ermordet, sowie Zwangsarbeit für männliche Christen (z.B. im Straßenbau der Bagdadbahn) eingeführt. Das Vorgehen gipfelte schließlich in der Verabschiedung eines Deportationsgeset-zes und der Errichtung von „Konzentrationslagern", die auf Todesmärsche mit Massentötun-gen hinzielten. Insbesondere die Deportationen waren von besonders grausamer Natur, weil den Armeniern erst kurzfristig Bescheid gegeben wurde und sie somit noch stärker als ohne-hin schon aus ihrem Zuhause herausgerissen wurden. Zudem kam, dass sie nicht über ihren Zielort informiert wurden und die Deportationen unter unmenschlichen Bedingungen statt-fanden: falls sie mit der Bagdadbahn ausgesiedelt wurden, mussten sie das Ticket selbst zah-len; fand die Ausweisung zu Fuß statt, wurde keine Rücksicht auf Kranke, Schwangere oder Kinder genommen, sodass auf dem Weg ins Exil bereits viele Armenier ihr Leben ließen. Beide Deportationsmöglichkeiten waren geprägt von weiteren Schreckenstaten wie Massa-kern, Überfällen, Folter, Vergewaltigung und Sklaverei.[9]

Statistisch kann als Konsequenz und Verlust während des Genozids in den Jahren 1915 und 1916 neben ca. 1,5 Millionen getötete Armenier aus der armenischen Gesamtbevölkerung im Osmanischen Reich von vier Millionen auch die Zerstörung fast aller Kirchen und Klöster vermerkt werden. Die Gesamtsumme der verlorenen Menschenleben und Gütern beträgt 3693239766. Mit am schlimmsten ist wohl aber die Tatsache, dass diese tragischen Ereignisse erst seit 1965 als Völkermord anerkannt werden und das auch nur von einer begrenzten Zahl von Ländern, wobei die Türkei nicht dazu gehört.[10]

---

[8] Vgl.: Koutcharian, 2004: S. 63-64.
[9] Vgl.: Koutcharian, 2004: S. 59-61.
[10] Vgl.: Koutcharian, 2004: S. 64, 69-71.

3. Die Rolle der Deutschen

Wie viele andere europäische Länder auch hatte Deutschland sowohl von den Massakern Ende des 19. Jahrhunderts Kenntnis als auch von dem Genozid während der Jahre 1915 und 1916. Wie bereits geschildert, gab es für die Armenier während der Massaker noch europäische Hilfestellung in Form von Schutzverträgen und Gleichberechtigungsmaßnahmen. Für den Genozid gelten diese Rettungsversuche trotz des Wissens um die Umstände jedoch nicht.

Nicht nur in Hinblick auf die Schuldfrage, sondern auch auf die Rolle der Deutschen während des armenischen Völkermords ist es wichtig, hierbei zwischen der deutschen Regierung und deutschen Einzelpersonen zu differenzieren.

Die Positionierung der deutschen Regierung lässt sich am Beispiel des deutschen Botschafters in Konstantinopel, Hans Freiherr von Wagenheim, exemplarisch aufzeigen. Dieser verschaffte als Vertreter der deutschen Regierung im Osmanischen Reich 1913 den Armeniern zwar noch gewisse Autonomie aufgrund seines starken Einflusses, aber bereits kurz darauf schloss dieser sich mit den Jungtürken zusammen, um so militärische Unterstützung für Deutschland während des Ersten Weltkriegs zu sichern. Die Konsequenz hieraus war natürlich, dass weitere Schutzmöglichkeiten für die Armenier mit Hilfe der deutschen Regierung durch diesen eigennützigen Schachzug außer Kraft gesetzt wurden.[11] Vielmehr erkannte die deutsche Regierung daraufhin das Vorgehen der Türken als Partner im Ersten Weltkrieg gegen die Armenier auch noch an und bauten darauf ihre eigenen imperialistischen Ziele auf: durch die deutsche Regierung wurde der Bau der Bagdadbahn gefördert und die Hoffnung darauf gelegt, die armenischen Gebiete vollständig zu annektieren, um sie in deutsche Kolonien umzuwandeln. Hierbei soll die deutsche Regierung sogar den Deportationen der Armenier zugestimmt haben, sodass auch das deutsche Militär diese sowie Tötungsaktionen und gewaltsames Vorgehen gegen aufständische Armenier nicht zu unterbinden versucht hatte. Fazit ist, dass die deutsche Regierung keinerlei Interesse an den Armeniern und deren Schutz während der Jahre 1915 und 1916 hatte, sondern lediglich auf ihren eigenen wirtschaftlichen Profit und die Nahost-Expansion aus war, sodass festgehalten werden kann, dass die deutsche Regierung durch die Partnerschaft mit dem Osmanischen Reich eine Mitschuld am Genozid der Armenier trägt durch unterlassene Hilfeleistung.[12]

Im Gegensatz dazu verhalten sich das Handeln und die Stellungnahme von deutschen Individuen zum armenischen Völkermord oftmals konträr zur Position der deutschen Regierung.

---

[11] Vgl.: Gust, 2005: S. 76-78.
[12] Vgl.: Gust, 2005: S. 82-83.

Schon während der Massakerjahre entstand eine „philarmenische Bewegung", die sowohl in Deutschland durch das Sammeln von Spendengeldern Unterstützung für die Armenier wirkte, als auch aus deutschen Missionaren im Osmanischen Reich bestand. Hierbei sind insbesondere Johannes Lepsius, Paul Rohrbach, Beatrice Rohner, Martin Rade, Ernst Lohmann und Carl Friedrich Lehmann-Haupt zu nennen.[13] Diese gingen unterschiedlichen Hilfstätigkeiten nach, wie zum Beispiel dem Wiederaufbau von armenischen Dörfern und Siedlungen, der Errichtung von Waisenhäusern und der Eröffnung von Missionskliniken, aber auch journalistischen Tätigkeiten, um auf das Elend der Armenier aufmerksam zu machen und weitere Unterstützungsmaßnahmen zu gewinnen. Christlich geprägten Missionaren war es zudem ein spezielles Anliegen, insbesondere die armenischen Kinder vor einer Zwangskonvertierung zum Islam zu schützen und sie in ihrem christlichen Glauben zu unterstützen.[14]

4. Zusammenfassung

Die Leidensgeschichte der im Osmanischen Reich gelebt habenden Armenier gehört zu den schrecklichsten und menschenunwürdigsten Kapiteln und der interkulturellen und interreligiösen Auseinandersetzung. Ausgegrenzt aufgrund ihrer Ethnie und Religion und durch endlose Diskriminierungen und Demütigungen geprägt erreichte sie während der Massakerjahre 1894 bis 1896/1897 sowie während des armenischen Genozids 1915/1916 ihren Höhepunkt. Innen- und außenpolitisch vollkommen alleine gelassen war diese Bevölkerungsgruppe ihrem Schicksal ausgeliefert und bis zum heutigen Tage wird den Armeniern nicht der entsprechende Tribut gezollt, indem die grausamen Ereignisse Anfang des 20ten Jahrhunderts einheitlich als Völkermord anerkannt werden. Als einziger Trost in diesen schweren Zeiten diente der osmanischen Minderheit vielleicht die Unterstützung durch unter anderem aus Deutschland stammenden Einzelpersonen und –organisationen, die sich der Armenier angenommen haben, um ihnen beizustehen, ihren Glauben aufrechtzuerhalten und ihre Lebensumstände zu verbessern.

---

[13] Vgl.: Tamcke, 2006: S. 50.
[14] Vgl.: Tamcke, 2006: S. 57-58.

Literaturverzeichnis

Sekundärliteratur:

- Haage, Wolfgang: Das orientalische Christentum, Stuttgart 2007, Seite 252-259.

- Gust, Wolfgang: Der Völkermord an den Armeniern 1915/16, Zu Klampen 2005, Seite 76-96.

- Tamcke, Martin: „Dich, Ararat, vergesse ich nie!", Lit Verlag 2006, Seite 47-65.

- Koutcharian, Gerayer: Der Völkermord an den Armeniern (1915-1917), in: Verfolgung, Vertreibung und Vernichtung der Christen im Osmanischen Reich, Münster 2004, Seite 55-75.

Handout

Der Völkermord an den Armeniern –Der politische Kontext

Die Massaker zwischen 1894 und 1896/97

- **Ausgangssituation**: Armenier stellen Minderheit im Osmanischen Reich dar, Folge:
„Schutzverträge", Kopfsteuer, Diskriminierung, „Entautonomisierung"
- starker Wunsch der Armenier nach Autonomie und Gleichberechtigung
- neben armenischen Aufständen (z.b. 1861 der Armenier von Zeytun) auch europäische Unterstützung (1856: Pariser Vertrag, Interventionsrechte Europas)
- keine eindeutige Verbesserung der Lebensumstände, auch Londoner Protokoll von 1877 uneffektiv, da Ablehnung von osmanischer Seite
- erst Berliner Vertrag ein Jahr später birgt Schutz der Armenier vor den Kurden, Verbesserung der Lebensumstände und lokale Autonomie
- aber: keine konkrete Durchführung und ab 1890 führt Sultan Abdülhamid II. sogar zusätzlich „Hamidiye Regimenter" ein, d.h. Recht für kurdische Rekruten auf Raub, Überfälle und Massakrierung an Armeniern

- **Zuspitzung ab 1894:** wohlhabende Armenier in Sassun kommen Forderung einer zusätzlichen Kopfsteuer an Kurden nicht nach, diese fallen in die Stadt ein und töten Armenier; **1895:** keine außenpolitische Hilfe wegen Informationsblockade, auf armenische Demonstration in Konstantinopel folgt osmanische Gegendemonstration mit erneuter Hetze und Massakrierung der Armenier; **1896:** erneute armenische Demonstration (Besetzung der Osmanischen Bank in Konstantinopel), Reform wird zwar nicht durchgesetzt, aber Täter verlassen das Land (um dort weiter zu massakrieren); **1897:** Abnahme der Massaker, aber weiterhin angespannte Situation (und ab 1909 erneuter Aufschwung)

- **Konsequenzen der Massakerjahre**: 88.243 tote Armenier, 568 zerstörte Kirchen und 77 zerstörte Klöster, 646 konvertierte Dörfer, 546.000 Notleidende, 328 in Moscheen umgewandelte Kirchen

Der Völkermord zwischen 1915 und 1916
- **Ausgangssituation 1:** 1908: politische Opposition für Sultan Abdülhamid II., Jungtürken setzen die Verfassung in Kraft und bewirken, dass Abdülhamid II. ein Jahr später abgesetzt wird; ab 1909 aber Uneinigkeiten innerhalb der jungtürkischen Partei, die nationalistische Splittergruppe erlangt führende Position
- tödliche Angriffe auf Armenier setzen erneut ein, Entstehung großer Auswanderungswellen, keine außenpolitische Hilfestellung (z.B. durch Europa)

- **Ausgangssituation 2:** nach der Eroberung osmanischer Gebiete durch Russland und Unterstützung Russlands durch die Armenier spitzt sich die Lage um 1914 zu, große Frustration der

Türken und Verschwörungstheorien über die Armenier breiten sich aus

- **ab 1914:** gezieltes Vorgehen gegen Armenier, beginnend mit Entwaffnung, aber **zwischen April 1915 und Februar 1916** eigentlicher Genozid
- Unterschiede zu den Massakern: willkürliches Töten (unabhängig von Konfession und Staatsangehörigkeit), Zwangsislamisierung als Option zum Tod
- **Vorgehensweise:** Festnahme, Folterung und Tötung von Intellektuellen, Zwangsarbeit für männliche Christen (z.b. im Straßenbau oder der Bagdadbahn), Verabschiedung eines Deportationsgesetzes (begleitet von Massakern, Überfällen, Vergewaltigung, Folter und Sklaverei), Errichtung von „Konzentrationslagern", Todesmärsche, Massentötungen
- **Konsequenzen des Genozids:** ca. 1,5 Millionen tote Armenier (von 4 Millionen), Niederbrennung und Zerstörung fast aller Kirchen und Klöster, Gesamtsumme der verlorenen Menschenleben und Güter beträgt 3.693.239.766, Anerkennung als Völkermord in nur wenigen Ländern und erst seit 1965

Die Rolle der Deutschen

- Deutschland hatte Kenntnis über den Genozid, griff aber nicht ein, da militärische Legitimation innerhalb der Türkei anerkannt wurde
- teilweise fanden sogar Zustimmung und Unterstützung bei Deportationen, bei den Arbeiterbataillonen und der Bagdadbahn statt
- Die **Deutsche Botschaft** in der Türkei: Diplomat von Wangenheim räumte 1913 den Armeniern zwar Rechte und Autonomie ein, zerstörte diese aber wieder, um das Bündnis von Deutschland und der Türkei im Ersten Weltkrieg aufzubauen
- lediglich Scheinschutz für die Armenier, um eigene politische Ziele durchzusetzen (Ausbau der Bagdadbahn, Umwandlung von armenischen Gebieten in deutsche Kolonien)

Literatur:
- Haage, Wolfgang: Das orientalische Christentum, Stuttgart 2007, S. 252-259.
- Gust, Wolfgang: Der Völkermord an den Armeniern 1915/16, Zu Klampen 2005, S. 76-96.
- Tamcke, Martin: „Dich, Ararat, vergesse ich nie!", Lit Verlag 2006, S. 47-65.
- Koutcharian, Gerayer: Der Völkermord an den Armeniern (1915-1917), in: Verfolgung, Vertreibung und Vernichtung der Christen im Osmanischen Reich, Münster 2004, S.55-75.